Círculo Rojo

MUY PERSONAL

MUY PERSONAL

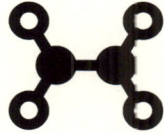

ULILO ACEVEDO

Ilustraciones: María Isabel García

Círculo Rojo
EDITORIAL

Primera edición: febrero 2024

Depósito legal: AL 112-2024

ISBN: 978-84-1061-469-7

Impresión y producción: Editorial Círculo Rojo

© Del texto: ULILO ACEVEDO
© Maquetación y diseño: Equipo de Editorial Círculo Rojo
© Ilustraciones: María Isabel García

Editorial Círculo Rojo

www.editorialcirculorojo.com

info@editorialcirculorojo.com

Impreso en España - Printed in Spain

Índice

PRÓLOGO 11

LETRAS EXTASIADAS 15
    Universo de colores 17
    Hilos 18
    Paranoia 19
    Paranoia extendida 20
    Vigilado 22
    Vigilado 2 23
    Isa en la China 24
    Conexión 25
    Intento de suicidio 27
    Melodía 29
    Sueño 30
    Sueño 2 31
    Efecto tardío 32
    Pensamiento al revés 34
    Pensamientos sueltos 35
    Acuarela 37
    Inspiración 38
    Sombrío 40
    Luz 41
    Piel coqueta 43
    Ella 44
    Isa 46
    Reflejo 48
    Ríos de vida 49
    Contradicción 50
    Intercambio 51
    Renacer 53
    Despierta 54
    Conectados 55
    Agujero negro 57

Sola 59

Saeta 61

Rostros en llama 62

Brújula 63

Laberinto 65

Sueña 67

Escritura compartida 68

Esperanza 70

Muy personal 71

INVITADOS.. 73

Recuerdos 75

Pensamientos 76

Miedos 77

Entrañas 78

Observa 79

Chocolate extasiado 80

Callada 82

Corre 83

Línea del tiempo 84

Algo serio.. 85

Trazos 86

La niña de las carteleras 88

MUY PERSONAL 89

Soneto imperfecto 91

Antidisturbios 92

El mar 93

Volver 95

Territorio de esperanza 96

De dónde soy 98

Pueblo con sabor a miel 99

Vegachí... 100

Valiente... 101

A Sofía 102

Del amor... 103

Padre... 105

PRÓLOGO

En cierta ocasión, el gran Henry Miller, padre de la contracultura estadounidense, dijo algo —o escribió— que desde entonces he tenido muy presente: «La mayor parte de la escritura se hace lejos de la máquina de escribir». Cuánta razón tenía. Escribir no es solo escribir, es mucho más, es la conclusión del cúmulo de saberes y experiencias vividas, y la especial perspectiva con la que ambos elementos, conocimiento y vida, se reinterpretan y se conjugan.

Por lo tanto, escribir, además de lo obvio, implica vivir, vivir de verdad, no sobrevivir en mundo alienante e inhumano; pero también contemplar y revisar la vida, tanto la nuestra como la de los demás, y, por supuesto, escribir es la forma en la que nuestras experiencias, reflexiones, sueños e imaginaciones se terminan convirtiendo en letras, palabras, frases, versos…

Ulilo Acevedo, a lo largo de las páginas de esta pequeña gran obra que están a punto de comenzar a leer, demuestra cuánta razón tenía el gran Henry Miller. Sus poemas destilan vida por todos lados.

Nos invita a adentrarnos en su universo poético muy personal, su universo, y lo hace a través de un viaje introspectivo, donde cada verso es un espejo del alma, una ventana abierta hacia lo más profundo de su ser. En este libro, Acevedo despliega un mosaico de emociones y pensamientos, y el lector se convierte en un cómplice silencioso de sus reflexiones más íntimas.

En cada poema, nos ofrece una paleta de colores emocionales que van desde la melancolía más oscura hasta la alegría más luminosa, pasando por el amor, la nostalgia y la esperanza. Las palabras se convierten en puentes que conectan el mundo interior del autor con el universo exterior, y a través de ellas, nos lleva de la mano por los laberintos de su mente y corazón.

Sus versos son un reflejo de la vida misma, con sus altibajos, sus luces y sus sombras. Nos habla de amor, pero también de desamor; de alegría, pero también de tristeza. Sus poemas, vívidos y sinceros, son un testimonio vivo de la complejidad del ser humano, de nuestra capacidad para sentir y vivir intensamente. Cada uno de ellos es una pequeña obra de arte, un fragmento de vida capturado en palabras.

Además, están ante un libro que nos invita a reflexionar sobre nuestra propia existencia, a cuestionarnos y a buscar respuestas en lo más profundo de nuestro ser. El poeta, con su habilidad para jugar con las palabras y su sensibilidad para captar las emociones, nos ofrece un espejo donde podemos vernos reflejados, sentirnos identificados y, quizás, encontrar un poco de consuelo y comprensión.

Por supuesto, no es mi intención desvelar en exceso lo que van a leer a continuación. Faltaría más. Pero sí que me gustaría comentar algunas ideas importantes que fui anotando durante el tiempo que pasé leyendo y disfrutando de *Muy personal*.

Como adelantaba antes, muchos de sus poemas reflexionan sobre la introspección, los sentimientos más profundos y la búsqueda de identidad personal. De camino, se acerca y se enreda con muchas emociones, como la alegría, el amor, la tristeza, el desamparo o la melancolía, mostrando su complejidad y cómo estas afectan la experiencia humana. Y claro, esto está íntimamente relacionado con otros bloques temáticos aquí presentes: todo lo que orbita en torno a las relaciones personales, incluyendo la familia, el amor, y la amistad; y diversas experiencias vitales de las que se hace eco, como la depresión, la angustia, el suicidio o, cogiendo otras sendas, la inspiración artística.

Además, algunos poemas hacen referencia a elementos del universo y la naturaleza, utilizándolos como metáforas para expresar conceptos más amplios; mientras que otros, sin embargo, se acercan a temas más mundanos, sociales y políticos, mostrando una conciencia crítica elegante y comprometida.

En definitiva, Ulilo Acevedo nos enseña su alma en cada uno de los versos de esta bella antología, y con ese generoso y altruista acto de grandeza literaria y humana nos invita a encontrar la nuestra mediante el noble y siempre complicado camino de la emoción. Y es que, al final del camino, somos eso, seres pensantes, sí, pero, sobre todo, seres sintientes. Eso es lo que nos hace humanos. Eso somos. En todas nuestras dimensiones, todas ellas presentes en este poemario.

Sin más, les dejo con él. No se arrepentirán de iniciar este camino.

Buen viaje.

ÓSCAR FÁBREGA

PD. Además, hay unos cuantos poemas de varios invitados, lo que, junto a las extraordinarias ilustraciones, aporta un valor añadido a estas páginas.

LETRAS
EXTASIADAS

Universo de colores

Hice un universo,
lo dibujo en una copa de vino.
Vinos de arcoíris,
símbolos de lo que somos,
color,
alegría,
amor.
Somos estrellas
que ella dibuja y yo escribo.

Hilos

Me pierdo en los hilos.
Siento que estoy y no estoy aquí;
no sirvo para escribir, pero…
escribí algo,
algo corto.
Lo que siento de mi corazón,
que es todo lo que yo hago.
Me gusta que me lean,
siento algo profundo.

Paranoia

Siento que repito la misma escena,
siento que no estoy hablando yo.
Siento que alguien está dentro de mí,
siento que no soy yo,
no quiero sentirme así.
Quiero que me leas,
que leas mi cuerpo.
Me hablas con palabras clave.
Cuanto más hablo, más me imposibilito.
No…, yo no dije eso.
Siento que estoy viviendo esto,
pero no lo vivo.

Paranoia extendida

Quiero que me leas,
que leas mi cuerpo.
Me hablas con palabras clave.
Mientras más hablo, más me imposibilito.
No…, yo no dije eso.
Siento que estoy viviendo esto,
pero no lo vivo.
Siento que repito la misma escena,
siento que no estoy hablando yo,
siento que alguien está dentro de mí,
siento que no soy yo.
No quiero sentirme así.

Vigilado

Tengo que escribir todo lo que siento,
me siento vigilado.
No sé si esto…
No puedo escribir esto,
aunque lo siento.

Vigilado 2

No puedo escribir esto,
aunque lo siento.
Tengo que escribir todo lo que siento,
me siento vigilado.
No sé si esto…

Isa en la China

Imagina,
escucha la lluvia,
cierra los ojos.
Isa es un antipoema.
No,
qué locura es esta.
Qué locura es estar trabado en China.

Conexión

En mi cabeza están todos, están todos.
Me quiero ir.
Estamos locos todavía,
y aquí estoy, revelando tantas cosas mías.
No quiero hablar más, no puedo.
Hay una puerta,
ya la cerré.
Me traspasaste.

Conexión 2

Hay una puerta,
ya la cerré,
me traspasaste.
En mi cabeza están todos, están todos.
Me quiero ir.
Estamos locos todavía,
y aquí estoy, revelando tantas cosas mías.
No quiero hablar más, no puedo.

Intento de suicidio

Me siento como doble.
Vamos,
llévame.
Cada vez que hablo, se agita más.
No quiero vivir más esta historia.
¿Paro?

Intento de suicidio 2

No quiero vivir más esta historia,
¿paro?
Me siento como doble.
Vamos,
llévame.
Cada vez que hablo, se agita más.

Melodía

Quédate en la ventana,
cierra los ojos.
La melodía es el juego.
La melodía nos conecta,
la melodía nos concentra.
Escucho tus susurros…
Si entendieras esta letra
que también es melodía…

Sueño

Esto puede ser una puesta en escena.
Tengo sueño,
es una película de terror,
no entiendo tu idioma,
el sonido se escapa.
Escucho suave,
tengo sueño.
Escribes y explotas,
me lees y te siento.

Sueño 2

Escribes y explotas,
me lees y te siento.
Esto puede ser una puesta en escena.
Tengo sueño,
es una película de terror,
no entiendo tu idioma,
el sonido se escapa.
escucho suave.
Tengo sueño.

Efecto tardío

Electrizada,
en efecto tardío.
Va lento,
pero lo escucho,
primero el sonido,
luego el movimiento.

Pensamiento al revés

El sonido que percibo cuando ella se inspira
es mi fuente de poder,
no lo puedo soltar,
es como conocer el pensamiento al revés.
No quiero viajar más,
quiero llegar,
quiero salir de mi conciencia,
quiero florecer.

Pensamiento al revés 2

No quiero viajar más,
quiero llegar,
quiero salir de mi conciencia,
quiero florecer.
El sonido que percibo cuando ella se inspira
es mi fuente de poder,
no lo puedo soltar,
es como conocer el pensamiento al revés.

Pensamientos sueltos

¿Qué moldearías con la arcilla?

Emborracha el pincel.

La música nos silencia.

No es necesario ser artista para dar tus mejores pinceladas.

Inicia el cosquilleo.

se reseca la garganta.

Ella está flotando.

Acuarela

Dibuja un jardín con lindas flores,
mariposas color vino que llegan de muchas partes
señalan un colorido rayo de luz,
una línea interminable.
¿Es una mariposa?
Es una libélula.

Inspiración

Dibuja un paisaje.
Se ríe.
Se resiste.
Identifico en mí una mariposa,
en ella una libélula.
La mariposa se posa en ella,
es decir, en él.
La mariposa era débil,
la libélula la hace fuerte.
El paisaje los rodea,
les da vida,
inclusive a la mariposa.
Me inspira.

Sombrío

Una figura sombría
que oscurece más y más.
Se hace fuerte.
Pero, aun así,
el fondo blanco es inmenso.

Luz

Un cardumen azul se acerca,
envuelve la sombra,
avanza desesperadamente.
Bloquea la oscuridad,
se forman nubes.
Hay un camino,
la luz que
en línea directa va dando vida,
vida de color verde, y
vuelve el paisaje a dibujarse.
La luz
dibuja a dos manos,
no mide su energía,
se mezcla con la nada,
destruye.
Da vida.

El arte
de migrar
de
Corazón

Piel coqueta

Veo la piel cuando encuentro el paisaje;
vuelve, coquetea.
Vuelvo a la piel,
me distraigo.
Varias pieles coquetean,
se sienten,
se pierden en la música,
se inspiran, se activan, se excitan,
gimen, sonríen, se acarician.
Alegres en una noche bohemia,
se sienten más fuertes,
sonríen a carcajadas,
se hacen amantes.

Ella

Su piel me transporta.
Ella no entiende, ella no entiende.
Ella dibuja mientras calla
el color del aura.
Se atornilla en el pensamiento,
penetra en mis ojos.
Es un sueño,
es algo más que sueños
que transportan al pasado.

Isa

Isa dibuja y nos conecta,
se ve en muchas caras.
Nos mueve,
su voz nos entretiene,
nos retiene.
Llama mi atención,
nos alegra.
Todos ríen,
ella calla y nos dispersa.
Nos une,
nos llena de alegría.
Hasta que piensa en blanco y negro.

Reflejo

Veo un Quijote en un puente.
Veo otra figura que cambia y evoluciona.
Veo a Sancho,
que entiende
la lealtad y la empatía.
Me veo a mí
reflejado en él.

Ríos de vida

Dos ríos
en la pradera,
en montañas coloridas,
en el amor de campesinos.
Humilde.

Contradicción

No puedo escribir, mi buen amor,
es un contrasentido que no hemos entendido.
No habrá última noche,
nada.
No voy a escribir reproches,
sería una redundancia.
¿Cómo puedo escribir sin solucionarlo?

Intercambio

Acaricia su pelo.
Atraganta su garganta.
Se confunden sus lenguas.
Prueban del mismo fruto.
Se pierden en sus sentidos.
Nada les sabe a todo,
la boca no sabe a nada.
Una persona se desliza.
Se sienten anestesiados.
Las lenguas se intercambian.
Quiero pensar esto para siempre.

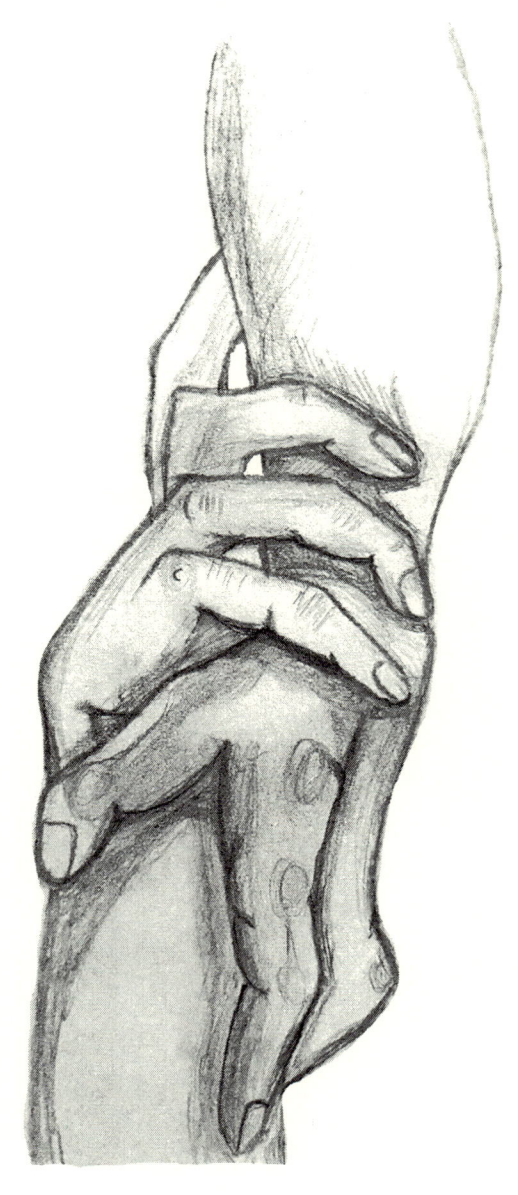

Renacer

Ella toca mi tobillo y mueve mi mundo.
Ella se siente ebria si tiene su boca seca.
Ella sonríe si tú sonríes,
aunque duerme;
ella no entiende por qué no lo sabe,
pero despierta
y sonríe,
y se mueve,
y se siente,
y se piensa,
y otra vez vuelve a sentir,
y renace.

Despierta

Vuelve a las caricias,
no te disperses.
Busca una sonrisa,
róbasela con un beso.
No duermas;
si lo haces, ella lo hace.
Así se pare el tiempo,
no dejes que duerma.
Porque otro estará
para invitarla a soñar,
a confiar en sus sueños,
a ser feliz.

Conectados

Estamos conectados
con todos los sentidos.
Siento sal si la sientes.
Tu ritmo en mi misma frecuencia.
Me distraigo y ella llega,
ella sonríe y yo sonrío.
Somos una corriente de aire,
somos una sinfonía.
No lo sabemos,
nos miramos cómplices.
A ella no le gusta, pero estamos conectados.
Ella se desconecta y se conecta en mí.
Ambos callan
en busca del mismo objetivo.

Agujero negro

Siente miedo.
Está callada,
dormida.
Lo recuerda,
lo quiere escupir.
Quiere más,
no quiere quedarse ahí para siempre.
Prefiere dormir
en un sueño involuntario.
No es su culpa.
Él ríe mientras ella duerme.

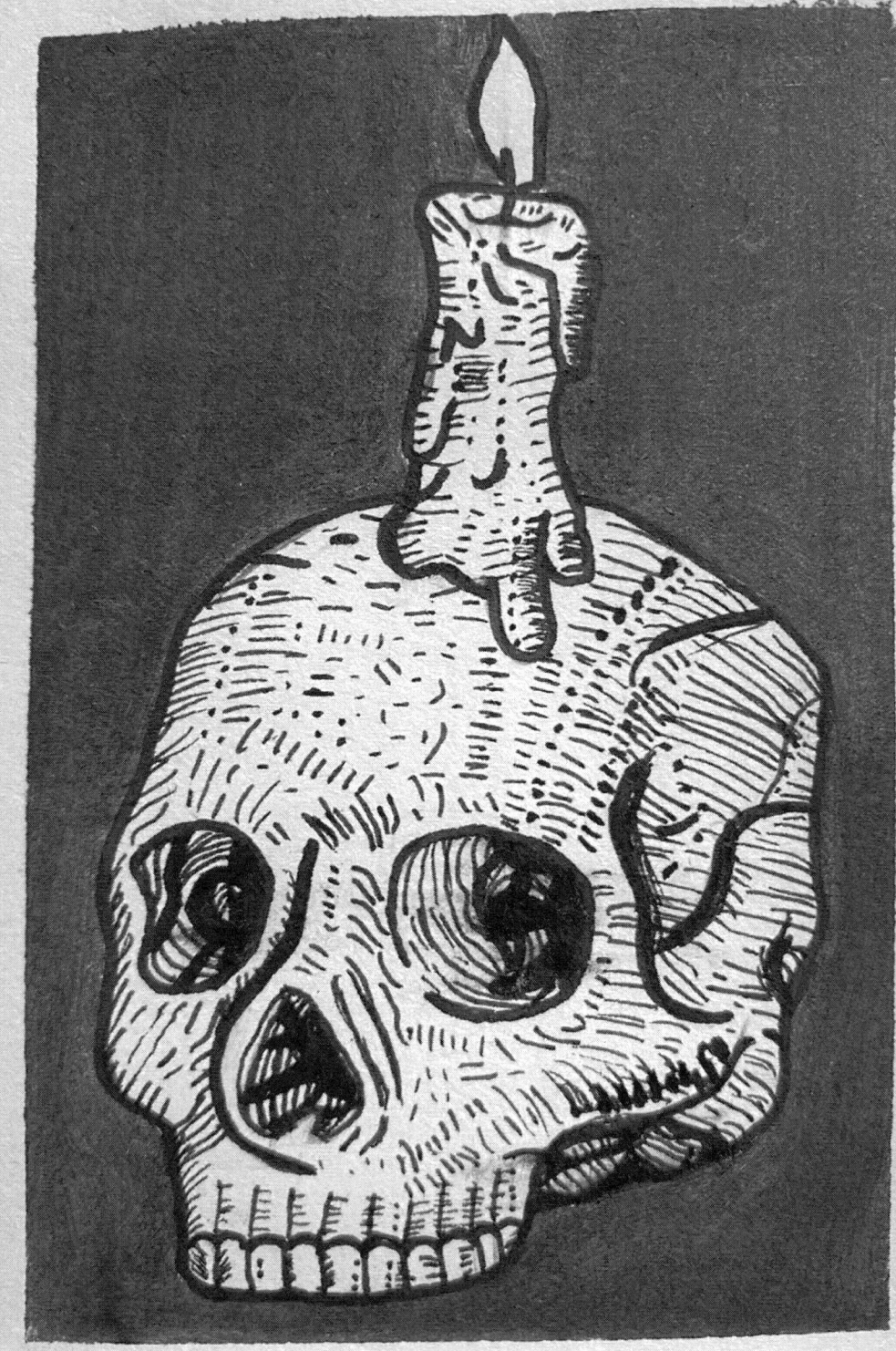

Sola

Lo mete,
lo hala,
lo chupa.
Se muerde un dedo,
se siente caliente.
Lo piensa,
¿me das?
Se ahoga,
se quema,
se encalambra.
Quiere en la boca,
se coge ella misma,
se lleva el dedo,
lo disfruta,
lo siente.
Siente luces de colores
cuando se entiende
sola.

Saeta

Se ahoga y ellos no lo notan.
Ellos la golpean.
Ella lucha la batalla entre despertar y dormir.
No quiere hablar más, pero
piensa mil cosas al mismo tiempo.
Siente que debe contar la historia,
su historia,
la mejor y la peor historia del mundo.
Ellos no saben que ella es una saeta,
un arma, una maceta.
Ellos no entienden la verdad,
la auténtica verdad,
una sola.

Rostros en llama

Hay un fuego con muchas caras,
caras en llama.
Rostros inclinados que se sobreponen,
se queman,
se camuflan,
se mimetizan.
Brazas que sostienen la mirada.
Se queman, pero se miran.
Hay rostros ocultos
que miran horrorizados
como fantasmas.

Brújula

Estoy acá y allá.
Allá está el anciano
de pelo cano,
en el mar,
en el sol,
la brújula en el sol.
Hay estrellas,
no son marinas,
estrellas del universo.
Lo dibujo
en círculos.

Laberinto

Río y lloro al mismo tiempo,
nadie me ve,
no los miro.
Tiemblo con razón,
es un laberinto
con forma de caracol.
Es complicado de entender,
es diferente.
Mi cabeza está en todas sus partes, pero
solo pienso en ti.
Abrir los ojos cuesta.

Sueña

Abrir los ojos cuesta,

pesa,

duele.

Soñar es dulce, pero pesa.

Esto es un sueño dulce y pesado,

solo es un sueño.

Despierta,

abre los ojos,

soñar pesa.

No dejes de soñar.

Escritura compartida

Yo escribía mal,
mi madre lo sabía.
Mi madre no sabe escribir,
yo la engañaba para que me corrigiera.
No aprendimos
ni mi madre
ni yo.

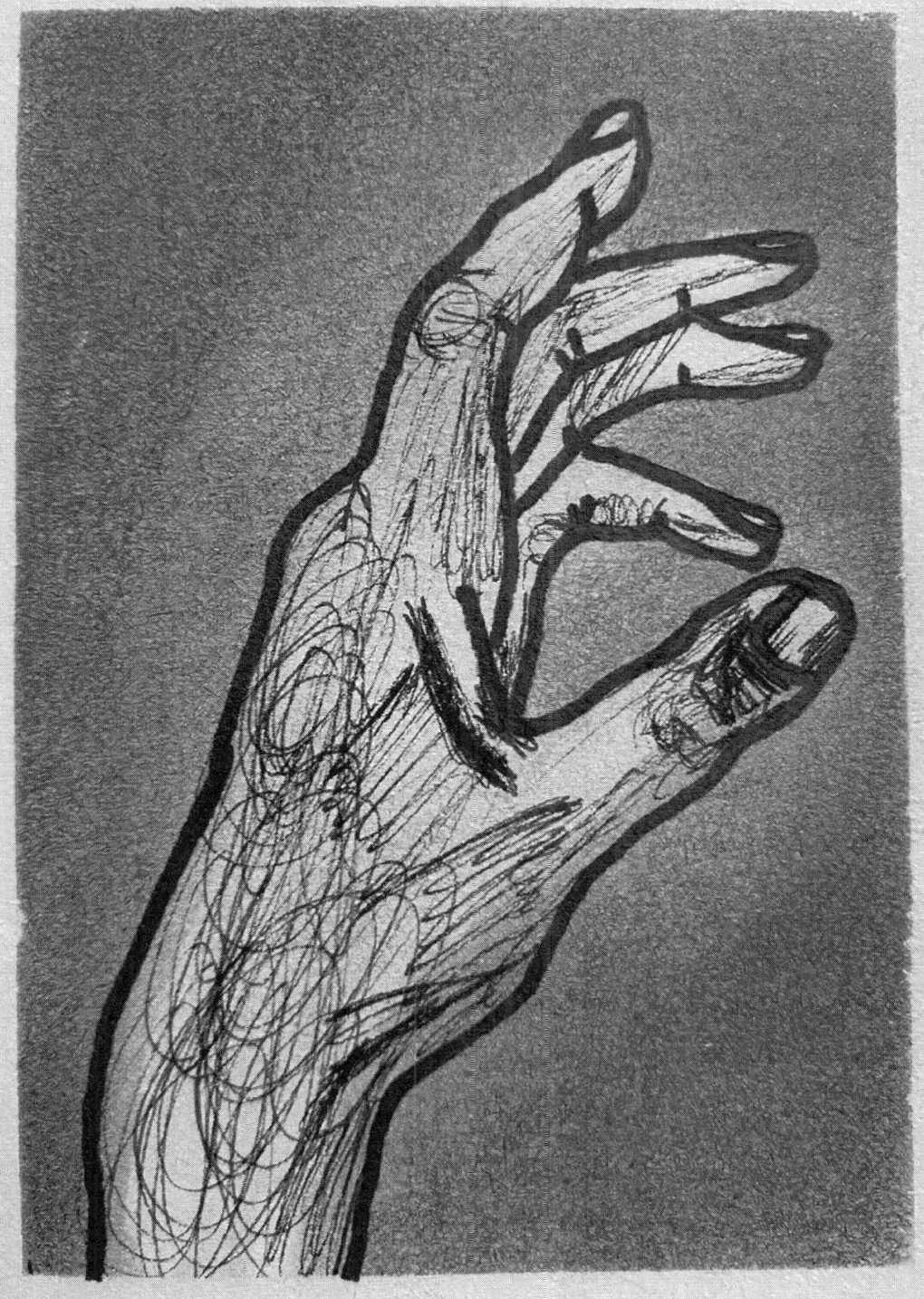

Esperanza

Tienes miedo.
Lo sé.
Sé lo que estás pasando.
Sé qué estás pensando, pero…
tienes un ángel.
Espera.
No lo dejes pasar.
Déjalo ser.
Todo pasa.

Muy personal

Escribí sobre María Candelaria y
sobre la mamá de María Candelaria, y propuse
una familia en proceso.
Una familia para ser feliz.
Tuve un remoto recuerdo,
un recuerdo de mi familia.
Recordé ser muy feliz
en mi infancia.
En mi adolescencia
no recuerdo la depresión, pero
empecé a vivir solo
y ella apareció.
La familia de sangre me hizo feliz y completo.
Luego fui feliz y triste a la vez.
Más adelante fui feliz, fallé, aprendí.
La familia en proceso es mucho más que
una familia para ser feliz.
Es
una familia para estar completos.
Una familia completa feliz.

INVITADOS

Recuerdos

Recordé el viejo árbol de guayabo,
desgarbado, fuerte, terco de su vaivén al viento.
Flexible desde su raíz.
Aún está aquí mi pueblo desde su raíz, aún está allí.
Mi pueblo, resistente,
ajado desde sus ramas que hoy evocan días de soles en sepia y
de infantiles aventuras vespertinas.
Solo un árbol testigo,
inmóvil, tótem de esperanza perdidas,
de planes frustrados en vitrificados de arenisca
con promesas de futuros inconclusos,
fibrosos con dulces finales en aromas azucarados.

MAURICIO GÓMEZ

Pensamientos

Siento que no estoy acá, pero sí estoy.
Todo se está entumeciendo.
Siento que es ella,
puedo leer tu pensamiento.
O son los míos.

PAULA GÓMEZ

Miedos

Miedos de uno mismo,
de mis miedos,
de lo que no me deja dormir.
Hoy quiero hablar de mi miedo.
El miedo a la muerte, a no estar, a no ver, a no sentir,
a no poder abrazar lo que amo.
Amo a mis hijos, a mi amado, sí, a mi amado Mauricio,
a ese hombre que todo lo hace por mí,
que me calma,
acaricia,
me pone en sus brazos para nunca soltarme.
Este es el miedo a no volver a sentirlo.
Quiero vivir eternamente,
que todos los que están a mi alrededor nunca se vayan.
Ese miedo a perderlo todo.
Ese miedo a no volver a despertar.
Ese miedo a dejar de respirar.
Ese miedo a no tocar tus manos.
Ese miedo a no sentir tu cuerpo.

PAULA GÓMEZ

Entrañas

Sentir como llegas hasta lo más profundo de mis entrañas,
como traspasas parte de mi alma.
Hago este ejercicio porque quiero empezar a escribir,
escribir mi propia historia,
la historia que nadie conoce; sí, una historia irreal.

PAULA GÓMEZ

Observa

Ella solo observa,
mira con una sonrisa,
se acaricia el pelo,
mira a su alrededor.
Tu mano, que irradia sensibilidad.
Tu cara, fracturada.
Sensaciones raras.
Una mujer de humo,
silueta de corazón,
salta por detrás.

Paula Gómez

Chocolate extasiado

El chocolate es una persona negrita chiquita
bajando por la garganta.
El hábitat del arbusto.
Le estoy perdiendo sentido al arbusto.
Seamos una bolsa transparente,
una tira larga con muchas bolsas transparentes,
y cada bolsa somos nosotros.

PAULA GÓMEZ

Callada

El viento nos sopla,
sentí que metí la mano
en un agujero negro.
Es ilógico, pero tengo miedo.
Yo he estado callada toda mi vida.
Los dos azules se reflejan rojos.
Ojalá no me quede así para siempre.

PAULA GÓMEZ

Corre

Jeremy se fue corriendo.
¿Quién es Jeremy?
La tortuga, mi tortuga, corre feliz.

PAULA GÓMEZ

Línea del tiempo

Histórica constelación de Orión.
Vigilar la tierra con mis ojos.
Me perdí en las palabras.
Está en la línea del tiempo.
Tengo la potestad de irme o venir.
Me siento poderosa.

MAURICIO GÓMEZ

Algo serio

No quiero repetir esta escena,
me voy a retrasar.
El perfecto equilibrio
es algo serio.
Me sentí contando la historia
más importante del mundo.
Completa la misión inicial
antes de esta película era un juego.

PAULA GÓMEZ

Trazos

Isa emborrachó el pincel.
Sus trazos, al ritmo de la música,
hipnotizan a quien lo mira.
Atrapa, trae,
no te deja salir de su pintura.
Su pincel es la llave,
pero no te deja salir,
te atrapa en trazos abstractos.
A la vista no encuentras salida.
Tampoco quiero salir.

DAVID ÁLVAREZ

Itza Emborrachó el Pincel, Sus trazos al ritmo de la música.

La niña de las carteleras

La niña de las carteleras,
¿eres una libélula?
Con vinilo y pincel deja volar su creatividad.
Encerrada en números,
la creatividad vuela.
Se plasman con alas en el papel
la silueta y los colores perfectos.
Pinta a la niña que aún vive en su interior.
La niña de las carteleras.

DAVID ÁLVAREZ

MUY PERSONAL

Soneto imperfecto

Lleno de contradicciones, imperfecto.
Cerrando la página dos mil trece.
Espíritu y materia, todo crece.
Ante la ausencia del libro, este soneto.

Pasado, presente y futuro del amor.
Dos mil catorce, nuevos trayectos.
Intactos sueños, metas y proyectos.
Recomendados: Julian Carax y Clara Barceló.

Días de dolores llenos de reflexiones.
Adiós al tío Tono, adiós a tía Dolly.
Su ejemplo: vivir como el último cada día.

Forjado entre sensibilidad y tesón.
De papá el carácter, de mamá el amor.
Luchando con nada escrito todavía.

Antidisturbios

Que el antidisturbios no turbe la vida.
Que los policías nos llenen de besos.
Que en el lacrimógeno lloremos de risa.
Que en las tanquetas llegue el progreso.

Que la minería funda la riqueza.
Que lo ancestral se honre con justicia.
Que la multinacional no genere pobreza.
Que se extermine el mal de la avaricia.

Que los gobernantes estén a la altura.
Que la negociación no sea fingida.
Que la epidemia sea la cordura.
Que siempre prevalezca la vida.

El mar

Ojos color de yerba alucinógena.
Ahora que no enarcas tus cejas para cuestionarme
y me miras de manera impersonal y efímera,
ahora que estás tan distante,
recuerdo entre otras cosas
a *Prófugos* y *Corazón delator* de Soda,
a Cerati con *Lago en el cielo* y *Vivo*.
A los *Dos días en la vida*
y a *Te miro y tiemblo* de Jarabe de Palo.
Al silbido y la piedra que arrojabas por fuera de la oficina.
Ahora que valido que no fuiste un error,
sino la más dulce de mis experiencias,
forjadura de mi presente,
recuerdo también
aquella vez que frente al mar
dijiste que no me amabas
y yo simulé no importarme.
Ahora que te mueves en sueños ingenieriles,
comprendo todo lo que has madurado.
Ahora que te saludo
por no dejar pasar estas palabras
que brotan de no sé dónde,
que más allá de una inspiración
forman parte de una realidad
del alma y del corazón.

Volver

Que duermas en mi regazo.
Que descanses en mis brazos.
Acariciar tu cabello, tu piel.
Sentir tu energía.
Saber que te quiero todavía.
Disfrutarte dormida.
Escuchar tu respiración.
Estar frente a frente tomando café.
Mirar tu sonrisa y tu mirada retadora.
Volver a estar presente aquí y ahora.

Territorio de esperanza

Un gran sueño,
un gran proyecto,
el gran poder de las pequeñas cosas,
territorios con superficies de alegría y dulzura
donde los jóvenes se sienten libres
mirando las estrellas
sin más alucinógenos que sus propios sueños.

De dónde soy

Soy de Las Vegas,
de Las Vegas de la China,
de los paisajes de las fincas,
de las fincas del nordeste,
del nordeste de Antioquía,
en donde se cruzan
el río la Cruz y
el río el Volcán.
Soy del agua dulce de Vegachí,
soy de la caña dulce de Vegachí,
soy de los paisajes dulces de Vegachí,
soy de la gente dulce de Vegachí.

Pueblo con sabor a miel

«¿Qué es Vegachí?», preguntó.
«Donde habita la dulzura», respondí.

Vegachí

Allá donde se cruzan los dos ríos,
donde el mar no se puede concebir,
donde el forastero es siempre bienvenido,
donde el deseo viaja en flota
en busca de las fiestas perseguir,
a disfrutar del cielo azul celeste,
sí, allá, allá es Vegachí.
Donde las niñas quieren ser maduras
y los niños rápidos no quieren dormir,
hipnotizados por la destilación de la dulzura.
Cuando a mi vida llegue el ocaso,
correré a las tierras donde nací
a regalar y recibir abrazos,
a ser feliz en Vegachí.

Valiente

Ella es un ángel,
mujer fuerte y valiente,
la adversidad no la vence.
De profesión abogada, innata, inteligente.
De su familia, el pilar que sostiene.
Físicamente hermosa,
al interior mucho más;
inteligencia y sabiduría, dúo de cualidad.
La pandemia cambió su vida, eso es innegable.
Se esfuerza y en el luto sigue adelante.
Su hija Avril tiene su inteligencia
y juntas forman una gran fortaleza.
Ejemplo de amor y perseverancia,
en tiempos difíciles su talante es admirable
y su amor por su familia es inquebrantable.
La gran amiga en quien se puede confiar.
La gran amiga a quien no dejamos de admirar.
La amiga que enamora,
esa gran mujer
inspiradora.

A Sofía

Hoy que te veo tan grande y hermosa,
posiblemente con tu disfraz de mujer elegante,
que eres mi orgullo, mi sueño, mi mujer radiante,
quiero decirte, mi niña preciosa,
que recuerdo aquellos días de tu infancia,
cuando jugabas con tus disfraces,
te transformabas con gracia y fragancia en Frida, Marilyn;
cuando de ser felices éramos capaces.
Y con tu guitarra me cantabas
las canciones que aprendías de oído,
me llenabas de amor todos mis sentidos,
me emocionabas, me alegrabas.
Hoy que tienes trece años cumplidos
y que empiezas a vivir tu destino,
quiero que sepas que siempre serás
mi niña querida, mi dulce ilusión.
No importa que crezcas, que cambies, que ames,
que explores el mundo con tu corazón;
yo siempre estaré a tu lado, mi vida,
para apoyarte, cuidarte y darte mi amor.
Sofía, nostalgia y alegría,
luz que ilumina mi día,
eres mi poema, mi verso mejor.

Del amor

Yo amo que me ames,
disfruto si lo disfrutas
y amo cuando me dices
que me amas como un putas.
Y yo, que amo amarte,
aunque te amo diferente
y amo la diferencia
de amarte putamente,
y en este amor prematuro
quisiera encontrar la fórmula
para amarte para siempre
y tenerte cada instante,
quisiera mirarte siempre,
cada segundo;
tener un poder sobrehumano
para tu corazón mirar y mirar.
Quisiera teletransportarme
para siempre acariciarte.
Quisiera que todo esto
no pudiera eclipsarme.
Quisiera entender tus ojos
y esa energía que nos conecta.
Que tus gestos, tus manías
no encarcelaran las mías.
Quisiera de mil maneras
en este punto de no retorno

que no logro descifrar
poder calmar mi ansiedad
de meterme en tu interior.
Que no sufra el corazón
esto que no tiene remedio;
esto que pasa contigo
que no me pasa con nadie.
Que me gustas como nadie,
cada milímetro de tu piel:
tus ojos; tus senos; tus labios; tu vientre;
tu abdomen; tu pelvis;
tus curvas;
tus planos lugares;
tu cabello; tus cejas;
tu ceño fruncido;
tus ojos, que brillan cuando miras;
tu sonrisa dibujada en cada instante;
tu energía y mi energía, que se funden al mirarse.

Todo tu cuerpo,
toda tu alma,
tus imperfecciones,
tus demonios.
El gran problema de mi corazón
que no logro descifrar,
que me mira y me enamora
y se convierte
en el más extenso de mis poemas.

Padre

Esposo y padre de siete hermanos,
hombre trabajador y honesto,
trabajó con el sombrero bien puesto
sin más herramientas que sus manos.

En casa nunca faltó el grano,
para la crianza siempre dispuesto.
Empírico músico modesto,
de la guitarra cotidiano.

De carácter, hombre noble,
ejemplo de trabajo para sus hijos.
Con ochenta parece un roble.

De tu familia que Dios bendijo,
que la vida te dure el doble,
nuestro cariño siempre fijo.